Maria Andrea

Denn unser Leben ist tierisch lustig

Tierische Kurzgeschichten zum Schmunzeln und mehr

Copyright 2014 Maria Andrea

1. Auflage 2014

Herstellung und Verlag:

BoD - Books on Demand, Norderstedt

ISBN 978 3 7357 8227 4

Bibliografische Information Der Deutschen Nationalbibliothek: Die Deutsche Nationalbibliothek verzeichnet diese Publikation in der Deutschen Nationalbibliografie; detaillierte bibliografische Daten sind im Internet über http://dnb.d-nb.de abrufbar.

Maria Andrea

Denn unser Leben ist tierisch lustig

Tierische Kurzgeschichten zum Schmunzeln und mehr

*Für Thomas,
meine kleine Lady
und alle Vierbeiner,*

*die unser Leben so tierisch
heiter machen!*

Für Gustav,

den schönsten schwarzen Kater, den ich kenne

Ich konnte wieder einmal nicht schlafen. Seit Stunden lag ich wach und wälzte mich von einer Seite auf die andere. Jetzt drückte auch noch meine Blase! Ich stand auf und ging sie entleeren. Beim Zurücklaufen ins Schlafzimmer fiel mein Blick durchs weit geöffnete Fenster auf meinen Nachbarn, der nach seinem Hoftorschlüssel suchend in seiner Jackentasche kramte. Abgesehen davon, dass Vollmond war, wurde der junge Mann vom strahlenden Licht der Straßenlaterne angeleuchtet und es war unübersehbar, dass er sich zu dieser fortgeschrittenen Stunde mitten in der Nacht oder besser gesagt am frühen Morgen in einem äußerst heiteren Zustand befand. Die deutlich unkoordinierten Bewegungen seiner Arme und Hände sowie das Schwanken seines Körpers ließen auf etwas übermäßigen Alkoholgenuss schließen. Ich hoffte, dass er mein amüsiertes Kichern nicht wirklich hören konnte.

Hinter dem gut drei Meter fünfzig hohen Hoftor tummelten sich eifrig seine vier Katzen. Sie freuten sich laut miauend auf das nahende Frühstück.

Endlich! Er hatte den Schlüssel in den Tiefen seiner Jackentasche gefunden. Noch immer schwankend und immens unbeholfen begab er sich nun auf die Suche nach dem passenden Schlüsselloch. Höchst konzentriert – ich konnte die Anspannung seiner Gesichtszüge deutlich sehen – stocherte er rund um den tatsächlichen Schlüsseleingang. Sein anfänglich leises Fluchen wurde mit zunehmender Nicht-Treffer-Quote lauter. Das Miauen ebenfalls. Seine Katzen hatten Hunger.

Tapfer stocherte er weiter. Da! Schon glaubte ich, er hätte das Schlüsselloch endlich gefunden, fiel ihm mit einem fassungslosen „Oh! Hoppla!" der Schlüssel aus der Hand und sauste gen Boden. Glücklicherweise gab es vor seinem Hoftor weit und breit keinen Gully. Der Schlüssel folgte recht rasant dem Gesetz der Erdanziehungskraft und landete mit einem leisen „Klack" auf der rechten Schuhspitze meines Nachbarn.

Und natürlich löste diese Berührung bei einem so geübten Fußballer wie ihm einen reflexartigen Kick aus! Schon schwebte der Schlüssel unter dem schmalen Hoftorspalt hindurch auf die andere Seite. Was freuten sich die Katzen! Herrchen hatte ihnen soeben ein neues Spielzeug zugeworfen! Prima! Munter kickten sie den Schlüssel zwischen ihren kleinen Pfötchen hin und her! Am meisten Spaß dabei hatte Gustav. Gustav, ein rabenschwarzer Kater, der bereits etwas in die Jahre gekommen war und dennoch nirgends, an keiner einzigen Stelle seines Körpers auch nur ansatzweise ein graues oder gar schon weißes Haar besaß, lebte inmitten den anderen Katzen jedes Mal auf, wenn es etwas zum Spielen gab. Mit geübten Sprüngen krallte er sich den Schlüssel, um ihn im nächsten Atemzug mit einem gekonnten Pfötchenschlag zur nächsten Katze zu kicken. Postwendend hechtete er im typischen Katzenbuckelsatz hinter her und schnappte ihr ratz fatz den Schlüssel vor ihrer Nase wieder weg! Ich amü-

sierte mich prächtig! Und konnte mich an den spielenden Katzen gar nicht satt sehen.

Und mein Nachbar? Der stand im ersten Moment völlig irritiert vollkommen still und kerzengerade da, bis er sein Missgeschick realisierte. Dann bückte er sich, so tief es ihm in seinem trunkenen Zustand möglich war und versuchte im Flüsterton mit „Komm, Miez, Miez, Miez! Komm!" seinen pfotigen Vierbeinern den Schlüssel zu entlocken. Natürlich interessierten sich die Katzen nicht die Bohne für ihr Herrchen! Das Schlüsselspiel machte ihnen viel zu viel Spaß!

Jetzt konnte ich mich keine Sekunde mehr länger zurückhalten! Dieses faszinierende nächtliche Schauspiel war so viel besser als jede Komödie im Fernsehen. Das hier war real. Schallend lachte ich hell hinaus! Prustete und gluckste bis mir vor lauter Lachen die Tränen über die Wangen liefen!

Entgeistert schaute mein Nachbar zu mir herüber. Die Attribute, die er mir im Geiste verbal zurief, waren wenig nachbarschaftlich ... Schwankend verschwand er vor sich hin brabbelnd im grauen Morgenlicht. Und ich weiß bis heute nicht, wie er in sein Haus gekommen ist.

Für Mohrle,

meinen ersten und einzigen Hasen

Ich liebte den morgendlichen Gang durch den Stadtpark. Vor allem im Sommer. Und ganz besonders nach einer verregneten Nacht. Wenn sich die Sonne freundlich am Himmel zeigte und ihr Strahlen den gefallenen Regen zum Verdunsten brachte. Das roch so gut! So gut nach frischer Erde, nach wohltuender Wärme und nach meiner Kindheit.

Jedes Mal erwachten in mir Erinnerungen an meine Spaziergänge und Radtouren durch die umliegenden Felder und Wälder. Dort roch es genauso. Damals. Als ich klein war.

Und was freute ich mich heute Morgen über die vielen großen und kleinen Hasen, die sich munter auf dem gepflegten Rasen austobten! Sichtlichen Spaß hatten, sich gegenseitig hinterher zu jagen. Ab und an ein wenig grün zu vernaschen. Um dann ganz plötzlich in einem der umliegenden Sträucher zu verschwinden.

Als Kind hatte ich auch einen Hasen. Einen schwarzweiß gefleckten mit ungewöhnlich langen Ohren. Mohrle. Ich liebte mein Mohrle über alles! Jeden Nachmittag nach der Schule, wenn ich brav mit meinen Hausaufgaben fertig war, ging ich mit Mohrle spazieren. An der Leine, versteht sich. Wie mit einem Hund. Zur besonderen Erheiterung sämtlicher Nachbarn. Die amüsierten sich immer köstlich über meinen vierbeinigen Freund und mich. Aber das war mir egal. Ich liebte unsere Spaziergänge. Und hatte immer viel Spaß mit meinem Mohrle. Bis ... Ja, bis ich eines Tages von der Schule nach Hause kam und der Hasenstall leer war. Mohrle war verschwunden. Einfach so. Hatte mir meine Mama gesagt. Plötzlich sei er weg gewesen. Ich verstand das nicht. Und noch weniger verstand ich, dass auf dem Küchenherd ein deftiger Hasenbraten dampfte.

Für Santos,

meinen sanften Riesen

25

Es war ein schwül heißer Donnerstagnachmittag. Die Sonne brannte unerbittlich, keine einzige Wolke war am Himmel zu sehen und nicht der Hauch eines lauen Lüftchens vermochte zu wehen. Unser Reitlehrer hatte den Unterricht in die Halle verlegt. Zwar fühlte sich die Luft hier drinnen nicht unbedingt kühl an, dafür aber war es „schattig" und der dank einer bestens funktionierenden Sprinkleranlage gut durchfeuchtete Boden staubte nicht. Wir vier zweibeinige Grazien schwitzen in unseren Trägertops vor lauter Konzentration, die von unserem Reitlehrer geforderten Übungen korrekt zu reiten. Und unser Reitlehrer drangsalierte uns erbarmungslos! Am Wochenende war unser berühmtes Hausturnier und wir sollten mit einer „Quadrille" die Veranstaltung eröffnen.

„Jenny, Lisa, treibt eure Pferde mehr an! Die schleichen regelrecht hinter den anderen her!" Während Jenny und Lisa sich bemühten, seinem Wunsch nachzukommen, hatte Jo, so hieß unser Reit-

lehrer, bereits die beiden nächsten Damen im Visier: „Andrea, Babsi! Was macht ihr ständig mit euren Händen? Hört auf, an den Zügeln zu ziehen! Haltet die Hände still! Tragt sie vor euch! Nicht auf die Hände starren! Kopf hoch, Augen gerade aus!" Ihm entging nichts. Aber auch gar nichts. „Mädels, ihr sollt vorwärts reiten und nicht einschlafen!" Wir wurden mächtig an die Kandare genommen. Wir Zwei- und Vierbeiner. An so einem Tag, an dem jedes Schulkind nach der zweiten Unterrichtsstunde Hitze frei bekam, mussten wir Blut und Wasser schwitzen, um Jo's Vorstellungen auch nur annähernd zu erfüllen. Die Gesichter unserer Pferde waren ebenso angespannt wie unsere eigenen und wir alle sehnten uns nur noch nach einer erfrischenden Dusche! Was waren wir heute froh als die Reitstunde zu Ende war!

Während die anderen Mädels noch einige Fragen an Jo hatten und mit ihm lebhaft zu diskutieren anfingen, ritt ich mit meinem Santos, einem fünfjährigen, einmeterachtzig großen Wallach, zum Ausgang. Dort wartete nämlich meine Freundin Susanne mit einem vollen Glas kühlen Mineralwassers auf mich. Ich hielt Santos an, der sofort eine bequeme Ruheposition einnahm und seinen Kopf zum Dösen Richtung Boden senkte. „Hallo Sanne! Lieb, dass du mir eine Erfrischung bringst. Die kann ich gut gebrauchen!" Was war ich durstig! Dankbar nahm ich das Wasserglas entgegen und setzte es hastig an meinen Lippen an. Zu hastig! Bevor ich den ersten Schluck trinken konnte, schwappte der auf Santos' Hals. Das kühle Nass erschreckte ihn derart, dass er sich blitzschnell um einhundertachtzig Grad drehte und wild buckelnd los rannte! Mit mir im Sattel! Wir rasten an allen bis dahin ruhig beim Reitlehrer stehenden Pferden vorbei, die von Santos Gehüpfe sichtlich begeistert ebenfalls alle losrannten! Jo rettete sich mit einem beherzten Sprung aus der Halle bevor wir vier Rodeo-Reiterinnen ihn umnieteten! Unser wildes Gekreische heizte unsere Pferde natürlich noch mehr an! Wir alle brauchten unser ganzes Geschick, um nicht katapultartig von unseren Pferden geschleudert zu werden! Von unserem Spektakel magnetisch angezogen, füllte sich die Halle zusehends. Die lauten Anfeuerungsrufe, schrillen Pfiffe und heftiges Klatschen zwischendurch trugen so gar nicht zur Beruhigung unserer Pferde bei ...

Ich hielt mich tapfer auf Santos' Rücken! Die rechte Hand mit dem Wasserglas streckte ich senkrecht in die Luft, während die linke in Santos' Mähne festgekrallt war. Die losgelassenen Zügel flogen mir ebenso chaotisch um die Ohren wie meine Beine gegen Santos' Bauch! Bereits nach dem ersten Überraschungsbuckler war ich aus den Steigbügeln gerutscht und hatte die Kontrolle über meine unteren Extremitäten verloren. Mit einem mittlerweile nicht mehr ganz so hektischen „Hooolllaaaa! Brrrrtttt! Ruuuhiiiggg, alles guuuut!" versuchte ich mein Pferd zu besänftigen. Und so langsam schien Santos meine sanfte Stimme in dem lauten Tohuwabohu wahr zu nehmen: Seine Buckler wurden weniger, der Galopp spürbar entspannter, sein Kopf steckte nicht mehr zwischen seinen Vorderbeinen fest und ich konnte wieder im Sattel sitzen bleiben. Beherzt griff ich mit meiner linken Hand die Zügel und brachte ihn nach einigen weiteren Galopprunden endlich zum Anhalten.

Und die anderen drei? Nun, so wie sie Santos ins Rodeo gefolgt waren, ließen sie sich glücklicherweise auch von seiner plötzlichen Gelassenheit anstecken: Einer nach dem anderen hörte zu Bocken auf, fiel in den Trab, dann in den Schritt und schließlich standen wir alle vier unter dem tosendem Applaus unserer zahlreichen Bewunderer still da. Vier hoch rote Gesichter, vier schweißgebadete Pferde und ein zu meiner völligen Überraschung noch immer gut gefülltes Wasserglas, das ich unverändert in meiner ausgestreckten rechten Hand festhielt, „lachten" der Zuschauermenge entgegen. Ich war beein-

druckt. Von mir. Und meinen Rodeokünsten. Und ganz besonders von der Tatsache, dass ich es echt geschafft hatte, fast keinen Tropfen zu verschütten! Respektvoll huldigten mir alle anderen als ich gierig das Wasserglas leerte. Nur komisch, dass am nächsten Tag ein neues, unübersehbares Schild am Halleneingang hing: Essen und Trinken in der Halle strengstens verboten!

Für Frilly,

die Pferdeliebe

meines Lebens

Glücklich ist ...

wer in den Augen seines Pferdes die Unendlichkeit dieser Welt sehen kann!

wem durch die Nüstern seines Pferdes der Hauch des Lebens entgegen strömt!

wer beim Wiehern seines Pferdes die Leichtigkeit des Seins erleben darf!

wer bei der Berührung seines Pferdes die Selbstlosigkeit der Liebe fühlen kann!

wer beim Klang trabender Hufe den Rhythmus seines eigenen Herzens spürt!

Für Alma, Felix und Leo,

das Trio Infernale

auf vier Pfoten

Alma war noch immer eine echte Schönheit. Ihren kleinen Kopf schmückten hell strahlende Katzenaugen umrundet von den längsten Wimpern, die ich je bei einer Katze gesehen hatte. Ihr grazilerKörper versetzte die Katerwelt in Erregung, wann immer sie ihr begegnete. Lediglich der kleine, mittlerweile jedoch unübersehbare Bauchansatz und ihr gemächlicher Gang waren der eindeutige Beweis, dass sie nicht mehr die Jüngste war. Bedächtig saß sie im Kaminzimmer direkt vor dem lodernden Feuer und genoss augenscheinlich die wohltuende Wärme.

Ihr gegenüber lag Leo. Der kastrierte Kater hatte alle Viere weit von sich gestreckt und wirkte wie ein breites, weiches, rundes Kissen mit vier länglichen Zipfeln. Sein intensives Schnurren verriet, dass er im Traumland weilte. Bisweilen leckte er sich genussvoll über die Lippen. Er schien so manchen Leckerbissen zu verspeisen. In seinem Traum. Mit einem sanften Grunzen drehte er sich zufrieden auf seinen Rücken, streckte alle vier Pfoten kerzengerade gen Himmel und schlief weiter.

Felix, der Aristokrat unter den Dreien hob würdevoll seine Augenbrauen und schaute gedankenverloren von einem zum anderen. Majestätisch thronte er auf dem quadratischen Ledersessel. Er hatte jeden und alles fest im Blick. Sein elegantes langes Fell glänzte rotbraun im Kaminlicht und verlieh ihm etwas Löwenhaftes. Dabei war er der sanfteste Kater, den ich kannte. Streitigkeiten ging er prinzipiell aus dem Weg. Und ließ sich eine Auseinandersetzung tatsächlich einmal nicht vermeiden, konfrontierte er laut miauend seinen Gegner solange mit der „Muss das denn jetzt wirklich sein?"-Frage, bis der andere verbal genervt das Weite suchte. Wegen seiner anmutigen Art und seines ausgeglichenen Charakters war Felix nicht nur bei allen Kätzinnen ausgesprochen beliebt – es gab auch keinen einzigen Zweibeiner, der nicht sofort bei der ersten Begegnung seinem Charme erlag. Verstand er es doch meisterhaft mit hoch erhobenem Schwanz leichtfüßig mit zärtlichen Berührungen um seinen Menschen zu tänzeln und mit gekonntem Augenaufschlag seinen markanten Kopf in die streichelnde Hand zu drücken. Smaragdgrüne Augen blitzten magisch auf und sein gehauchtes „Miau" ließ sämtliche Frauenherzen feuergewaltig dahin schmelzen! Auch das meine hatte er auf diese Weise im Sturm erobert. Und wenn er dann noch seinen Kopf freundschaftlich an meinen stieß, durchströmte mich ein so wunderbares Glücksgefühl. So wie jetzt. Heute, an diesem Abend. Inmitten meiner drei Katzen sitzend.

Für alle vierbeinigen Überraschungsgäste,

die mir immer wieder erheiternde Geschichten liefern …

Da! Schon wieder: Ein frischer Haufen widerlichen Tierkots! Kleine Knödelchen, schwarzbraun gefärbt, teils rund, teils oval. So etwa fünfzehn bis zwanzig Stück. Eigentlich viel zu groß für eine kleine Maus. Zu klein für eine Ratte? Passend für eine Feldmaus vielleicht? Wie auch immer. Auf jeden Fall war ich genervt von diesen Fäkalien, die ich seit Wochen jeden Morgen in meiner Vorratskammer fand. Täglich entsorgte, um am nächsten Tag angewidert feststellen zu dürfen, dass sich dieses unbekannte Lebewesen augenscheinlich in meinen vier Wänden ausgesprochen wohl fühlte.

Aber nicht mehr lange: Ich hatte fünf große Mausefallen gekauft. Mit lecker Käse und Wurst garniert aufgestellt. Morgen früh wäre der Spuk vorüber und der kleine Scheißer tot. Glaubte ich. In der Tat hörte ich in der Nacht mit großer Zufriedenheit mehrfach ein „Klackklack". Und staunte nicht wenig, als ich beim Öffnen der Vorratskammertür fünf leer gefressene Mausefallen und dazu noch einen überdimensionierten Kothaufen erblickte! „Das gibt es doch nicht!" murmelte ich kopfschüttelnd. „Was ist das für ein Vieh, das unbeschadet Mausefallen leer fressen und so viel kacken kann?! Sicher hatte es nur Glück gehabt. Dieses Vieh. Vergangene Nacht." Ich wiederholte das Spiel. Zwei, drei Tage lang. Erfolglos. Diese Maus wollte mir partout nicht in die Falle gehen! Bestimmt waren meine Fallen zu klein. Ja, das musste es sein: Zu kleine Mausefallen. Was sonst?

Ich investierte. In fünf sehr große Rattenfallen. Bestückte sie mit gut stinkendem Käse und glänzenden Speckwürfeln. Echten Rattendelikatessen eben. „Klackklack! Klack! Klackklackklack!" Nacht für Nacht. Zwei Wochen lang. Jeden Morgen war kein einziges Krümelchen mehr in den Fallen und der Scheißhaufen grundsätzlich am selben Platz – was ich übrigens schon bewundernswert fand. Es musste sich folglich um ein intelligentes und ordnungsliebendes Tier handeln. Sonst hätte es wohl kaum permanent die gleiche Knoddelecke. Interessant. Sehr interessant. Jetzt war ich überzeugt, dass es sich um eine Ratte handelte. Eine clevere, ordentliche, riesige Ratte. Wollte ich die wirklich töten? Sollte ich sie nicht lieber lebend fangen?

Ich kaufte zwei Lebendtierfallen. Frischen Käse und billigen Schinken. Und legte abends meine Köder in die Fallen. Gespannt wartete ich auf ein nächtliches „Klack". Stundenlang. Nächtelang. Wochenlang. Dieses hyperintelligente Wesen verstand es, meine Leckerbissen aus den Fallen zu angeln ohne gefangen zu werden! Und kackte mir unverändert täglich in meinen Vorratsraum! Wie konnte das sein? Ich war sprachlos. Und ratlos. Wie um alles in der Welt konnte ich dieses Tier fangen? Ich wollte endlich wissen, was oder besser gesagt wer mich hier seit Wochen zum Narren hielt! Erfindungsgeist war angesagt. Und wem, wenn nicht mir, sollte eine echt geniale Idee einfallen: Die Innovation für Lebendtierfallen! Ich wollte den Käse festnageln. Jawohl, ja! Mit einem Nagel fixieren, damit die Ratte nicht mehr einfach nur zugreifen und verschwinden konnte, sondern in der Fall sitzen bleiben musste bis diese zufiel. Ach, was war ich stolz auf mich! Auf meine tolle Idee!

Natürlich brach der erste Käsebrocken bereits bei meinem sanft ausgeführten Hammerschlag sofort auseinander. Kunststück: Es war überreifer Parmesan! Viel zu trocken für mein Vorhaben. Er zerbröselte in Tausende kleine Kristalle. Ich griff zu einem anderen Hartkäse. Mit dem gleichen Ergebnis. Das musste mit meiner Schlagtechnik zu tun haben. Ich war nicht gefühlvoll genug. Aber ich wusste mir erneut zu helfen: Ich holte den feinsten Bohrer, den ich hatte. Durchbohrte langsam das Stück Käse und verschraubte mein Kunstwerk mit dem Boden der Falle. Voila! Jetzt stand meinem Lebendtierfang nichts mehr im Wege!

Ich gebe zu, dass ich die kommende Nacht ein bisschen aufgeregt herbei sehnte! Schade nur, dass ich wie üblich kurz vor Mitternacht einschlief ... Zum Zerplatzen gespannt öffnete ich morgens die Tür zu meiner Vorratskammer. Und was sahen meine verschlafenen Äugelein?! Beide Fallen standen sperrangelweit offen und nicht ein einziges Stückchen Käse mehr war darin zu sehen. Das konnte unmöglich wahr sein! Der Fallenboden war sogar blitzblank poliert und meine Schrauben ragten glänzend aus dem Boden. Selbstverständlich zierte der übliche Fäkalienhaufen die gewohnte Kammerecke. Ich war fassungslos! Gab es jetzt noch eine Alternative Herr über dieses Tier zu werden? Ich wusste mir nur noch einen einzigen Rat: Eine Nachtbildkamera. Selbstverständlich die Luxusvariante. Ich wollte schließlich ganz genau wissen, was mit mir derart sein Unwesen trieb.

Vorsichtig installierte ich das recht teure Gerät so, dass ich beide Fallen im Visier hatte. Die Fallen bestückte ich noch üppiger mit Käse als je zuvor. Und legte mich auf die Lauer. Beziehungsweise setzte mich vor den Bildschirm meines Laptops, der mit die Kamerabilder übertrug.

Diese Nacht schlief ich nicht! Da! Ein kaum hörbares Tapsen kündigte meinen nächtlichen Besucher an. Erwartungsschwanger starrte ich gebannt auf den Bildschirm. Endlich! Das unbekannte Wesen näherte sich den Fallen. Seitlich. Fasste geschickt mit seinen kleinen Pfötchen durch die Gitterstäbe und vernaschte sichtlich vergnügt den Käse, den es Stückchen für Stückchen rund um meine Schrauben abbrach. Es war ein großes Tier. Größer als eine Ratte. Und noch viel größer als eine Maus. Und sehr fellig. Jetzt drehte es sich zu mir um! Überrascht blickte ich in zwei mich verschmitzt anblinzelnde große braune Waschbärenaugen.

Für Lucy,

meine treue Freundin

Seit gut acht Stunden waren wir jetzt unterwegs. Im Sattel natürlich. Ab und an auch zu Fuß. Schließlich heißt Wanderreiten nicht umsonst „wandern" und „reiten". Meine Freundin Beate hatte auf ihrer Lucy reichlich Verpflegung für unterwegs dabei, ich auf meiner Cheyenne alles, was wir über Nacht brauchten. Es war unser dritter Sternritt. Heute. Was ein Sternritt ist? Nun, keineswegs ein Ritt auf der Milchstraße zu den Sternen.

Bei einem Sternritt treffen sich Reiter aus allen Himmelsrichtungen an einem zentralen Ort, um sich gegenseitig kennenzulernen und Spaß miteinander zu haben. Die Reitstrecke plant jeder Teilnehmer selbst. Beate und ich hatten uns eine schöne, abwechslungsreiche Strecke auf unserer Wanderkarte eingezeichnet. Dank unserer Kartenlesefähigkeiten und nicht zuletzt dank unseres Kompasses befanden wir uns endlich kurz vor unserem Ziel. Fernes Pferdewiehern und menschliche Laute ließen keinen Zweifel daran, dass wir bald am Lagerfeuer sitzen und mit den anderen klönen würden, während unsere Pferde auf saftigen Wiesen ihren Feierabend genießen durften.

„Hier müssen wir links abbiegen." Beate blickte kurz von ihrer Landkarte auf, um gemeinsam mit mir die vor uns liegende Weggabelung mit unserer eingezeichneten Reitstrecke abzugleichen. „Passt", attestierte ich und wir bogen fröhlich in Richtung Sternritt-Ziel ab. Vor lauter Schwätzen und Lachen – wir Mädels hatten schließlich immer was zu erzählen, auch nach einem gemeinsamen Reittag - vergaßen wir die Zeit. Und warfen nur noch selten einen Blick auf unserer Wanderreitkarte. Schließlich war unser Ziel zum Greifen nahe.

„Waren wir hier nicht schon einmal?" fragend schaute ich Beate an. Wir standen an einer Weggabelung, die irgendwie mit der von vorhin Ähnlichkeit zu haben schien. Also mit der Weggabelung, die wir vor einer guten dreiviertel Stunde passiert hatten. „Schon ko-

misch." Beate ließ ihren Blick schweifen. „Sieht schon so ähnlich aus wie vorhin. Aber im Wald sieht doch alles gleich aus, findest du nicht?" „Komm, lass uns auf die Karte sehen. Weit können die anderen nicht mehr sein." Ich nahm die Karte in meine Hände und wollte gerade den Kompass anlegen als Beate freudig rief: „Guck mal! Da! Da sind ganz viele Hufabdrücke im Sand. Wir müssen links reiten. Ich höre auch deutlich Pferdewiehern und menschliches Gebrabbel!" Und schon ritten wir weiter.

Ein kurzer Anflug von Müdigkeit ließ unsere Kommunikation ein wenig verhaltener werden. Diese letzten paar Meter zu unserem Treffpunkt zogen sich wie Kaugummi. So langsam spürte ich meinen Hintern ... „Meinst du, wir sind richtig?" Ein zweifelnder Hauch überkam mich. Ganz plötzlich. „Klar doch. Sieh mal, wie viele Hufspuren hier sind. Wir können gar nicht falsch sein." Beates Zuversicht vertrieb meine Zweifel. Allerdings glitt ich aus dem Sattel, um die restlichen paar Meter zu Fuß zu

*meistern. Meine Gesäßknochen hatten
mir unmissverständlich zu verstehen
gegeben, dass sie eine Entlastung
wünschten. Und auch Cheyenne schien
dankbar zu sein, dass ich sie um meine
Kilos erleichtert hatte. Beim Laufen hefteten sich hin und wieder meine Augen
am Boden fest. „Merkwürdig", murmelte ich. „Was ist merkwürdig?" Beate
runzelte ihre Stirne. „Ich könnte schwören, dass vor uns hier nur maximal
zwei Pferde gelaufen sind." Beate sah
mich verwundert an. „Betrachte dir die
Hufabdrücke ganz genau und zähle sie."
Beate folgte meiner Aufforderung.
Brummte kurz in ihren nicht vorhandenen Bart, zählte erneut die Spuren im
Sand und sah mich mit großen Augen
an: „Ich fasse es nicht. Du hast Recht!
Das hier", ihr Kopf nickte in Richtung
ihrer Brust begleitet von dem Zeigefinger ihrer rechten Hand, „das hier sind
die Hufabdrücke von ganzen zwei Pferden. Wahrscheinlich sogar unseren beiden?!" Sprachlos verharrten wir einen
Moment lang uns gegenseitig anstarrend. Und schon brachen wir in tosen-*

des Gelächter aus! "Wir haben uns verritten!" "Nicht zu fassen!" "Gleich zwei Mal! Wo gibt´s denn so was!" "Ohne Worte!" Unser Gelächter ging in Brüllen über. Wir überschlugen uns vor Lachen bis wir beide keine Luft mehr bekamen und fast in jähem Glucksen erstickten.

"Boah! Ich habe Bauchweh vor lauter Lachen!" stöhnend drückte ich meine Hände krampfhaft auf meinen Bauch. "Und ich erst!" Beate lag vom Lachen niedergestreckt auf Lucys Hals. "Und jetzt?" "Jetzt biegen wir rechts ab, wenn wir an dieser ominösen Weggabelung zum dritten Mal ankommen."

Wir brauchten sage und schreibe ganze fünfundzwanzig Minuten, bis wir die uns zwischenzeitlich bestens vertraute Stelle im Wald erreicht hatten. Und erreichten unser Ziel im Anschluss nach kurzen zehn Minuten ...

Für Cheyenne,

meine geliebte Kleine

Was wäre, wenn ...

kein freundliches Wiehern deinen Tag erhellen würde?

keine großen, strahlenden Augen dir ihr uneingeschränktes Vertrauen zuzwinkern würden?

kein warmes Fell dein Gesicht zärtlich streicheln würde?

keine weichen Nüstern deinen Trübsal mit ihrem Hauch wegblasen würden?

kein liebevolles Knuffen dich fragen würde, was ihr gemeinsam unternehmen könnt?

keine Hufe dich sicher in das Land deiner Träume tragen würden?

keine wehende Mähne dir deine eigene Freiheit wiederspiegeln würde?

kein lautes Schnauben dir eine tiefe Zufriedenheit signalisieren würde?

das Herz, das du so sehr liebst, dir nicht mehr treu entgegen schlagen würde?

... wäre das noch dein Leben?

Für Timo und Tigerlilly,

die beide mein

kindliches Herz im Sturm

erobert haben

Der jüngste war er nicht mehr. Aber für seine dreiundsiebzig Lenze noch recht rüstig. Zumindest im Kopf. Seine Knochen waren dem Alter entsprechend leicht marode und eine üble Arthrose ließ seit Jahren täglich grüßen. Mehrfach versteht sich. Seit einigen Wochen war er Witwer. Hundewitwer. Seine über alles geliebte Frau hatte ihn schon vor über zehn Jahren verlassen. Ein ekelhafter Darmtumor beendete abrupt ihre fünfzigjährige Ehe, kurz bevor sie ihr gemeinsames Jubiläum feiern konnten. Und dabei hatten sie sich so darauf gefreut! Aber er war froh, dass seine Sieglinde nicht allzu lange hatte leiden müssen.

Er brauchte mehr als drei Jahre, um sich an das Alleinsein zu gewöhnen. Was war er glücklich, dass er seinen Timo hatte. Timo war ein silbergrauer Pudel, von Geburt an adelig, was sich in seinem tierisch anständigen Benehmen beständig wiederspiegelte. Er war ein ausgesprochen freundlicher und menschenbezogener Hund. Sanft im Um-

gang, extrem verschmust und trotz seiner kleinen Rasse recht wachsam. Vor allem, was Katzen anbetraf. Die konnte er nämlich überhaupt nicht leiden! Wann immer er auf eines dieser vierbeinigen Geschöpfe traf, wurde er zur Hyäne! Raste wie ein wild gewordener Eber laut kläffend los – mit nur einer einzigen Absicht: Der Mietze den Gar auszumachen! Glücklicherweise passierte letzteres nie. So eine sicherlich blutige Angelegenheit hätte ihm auch nicht gefallen.

Für ihn war es eine Katastrophe, dass sein Timo jetzt auch tot war. Dahin gerafft von einem Milztumor. Wie sehr er ihm doch fehlte! Sein Hund. Sein treuer Weggefährte. Seit dem Tag, an dem Timo gehen musste, fühlte er sich noch einsamer als je zuvor. Alt und alleine. Unendlich einsam. Ob er sich noch einmal einen Hund holen sollte? In seinem Alter war das schließlich so eine Sache: Er konnte von heute auf morgen über die Wupper gehen. Und dann wäre sein Vierbeiner alleine. Müsste in ein Heim.

In ein Tierheim. Rasch schüttelte er den Gedanken wie einen unliebsamen Regentropfen wieder ab. Nein. Er wollte keinen neuen Hund mehr. Einen vierbeinigen Weggefährten, den er womöglich unfreiwillig im Stich lassen müsste. Nein. Ein neuer Hund kam nicht in Frage. Auf gar keinen Fall!

Drei lange, unsagbar einsame Wochen hielt er durch. Dann war es soweit. Endgültig. Sein Entschluss stand fest: Er brauchte einen neuen Partner auf vier Pfoten! Sein ganzes Leben lang schon hatten ihn fellige Familienmitglieder begleitet. Keine Sekunde mehr länger wollte er einsam dahin vegetieren! Sich so unnütz fühlen. So überflüssig. Und sich selber von Tag zu Tag überdrüssiger werden.

Die Tierheimleiterin verstand ihn und seine Bedenken. Sie war nett. So um die vierzig, ein bisschen füllig, rothaarig mit grün leuchtenden Katzenaugen. Eine attraktive Erscheinung. Auf zwei Beinen. Wie schade, dass er schon so alt war ...

Mit Blick auf sein Alter riet sie ihm von einem Hund ab. Schließlich brauchte so ein Hund täglich seinen Auslauf. Und je nach Alter und Rasse reichten gemütliche Spaziergänge nicht unbedingt aus. Warum nur war er ein so alter Sack? Hätte er doch die Uhr zurück drehen können ... Mit einem für ihn beeindruckend koketten Augenaufschlag fragte er zurückhaltend, zu was für einem vierbeinigen Partner sie ihm den raten würde? Sie erwiderte seinen Blick mit einem Lächeln als hätte er sie wie ein vertrottelter Dackel angeschaut: Zu einer Katze. Einer sterilisierten Katze, selbstverständlich. Einer Katze? Ausgerechnet zu dem Vieh, dass sein Timo so sehr gehasst hatte?! Seine fragenden, weit aufgerissenen Augen animierten die Dame, ihm die Vorzüge einer Katze schmackhaft machen zu wollen. Katzen seien Selbstläufer. Da er am Waldrand wohnte, könnte sich die Katze ihren täglichen Auslauf problemlos jederzeit selbst holen. Und ansonsten würde sie ihm Gesellschaft leisten. Die Zweisamkeit genießen. So wirklich einleuchten wollten ihm diese Erklärungen zwar nicht, aber die virtuose Stimme der Tierheimleiterin lullte ihn ein. Er wollte unbedingt, dass sie weiter redete. Was war er von dieser Frau fasziniert! Fühlte sich von ihr wie von einem Magneten angezogen!

Sie hätte da eine ganz tolle Katze. Ihre Tigerlilly. Sieben Jahre alt, kastriert und aus einem alten Adelsgeschlecht stammend. Wie sein Timo. Ein bisschen eigen wäre sie schon. Die Tigerlilly. Aber wenn sie ihn einmal in ihr Herz geschlossen hätte, würde sie ihn nie mehr los lassen. Wäre allein auf ihn fixiert. Ein weibliches Wesen, das auf ihn fixiert wäre? Auf ihn? Den alten Mann? Plötzlich wünschte er sich nichts Sehnlicheres als sie: Tigerlilly! Ja, sie sollte ihn für den Rest seines Lebens begleiten!

Ehe er sich versah, saß er mit Tigerlilly in seinem Wohnzimmer. Er auf der Couch. Und die Katze im Ohrensessel seiner verstorbenen Frau. Dem Ohrensessel, der lange Jahre Timos Fernseh-

sessel war. Sie sah interessant aus. Ihr graues Fell glänzte silbern und ihre hübschen blauen Augen funkelten wie azurblaues Meer im Sonnenlicht. Elegant drehte sie sich mehrfach um ihre eigene Achse, bevor sie sich mit einer beeindruckenden künstlerischen Note in Form einer Schnecke begleitet von einem wenig adelig anmutenden Grunzen hinlegte. Für den Bruchteil einer Sekunde hatte er das Gefühl, dass sein verstorbener Timo da lag. Im Sessel. So wie früher. Sein Timo hatte immer so dagelegen. So, wie Tigerlilly jetzt. In sich zusammengerollt. Sobald er von tiefen Träumen heimgesucht wurde, hatte er sich oftmals auf den Rücken gedreht und alle Viere in die Luft gestreckt. So wie Tigerlilly in diesem Augenblick! Er traute seine Augen kaum: Da lag eine Katze, ein kleines, vierpfotiges Wesen, das er erst vor wenigen Minuten mit nach Hause gebracht hatte, als wäre sie schon immer da gewesen. Als wäre ihr alles vertraut. Dabei war sie doch fremd! Gebannt hafteten seine Augen an dem grauen Lebewesen.

Wieso nur hatte er das Gefühl, sie zu kennen? Und wieso war sie seinem verstorbenen Timo so ähnlich? Oh je! Er wollte sich nicht vorstellen, was sein Timo angestellt hätte, wenn er wüsste, dass er ihn mit einer Katze verglich! Mit Timos absolutem Feindbild!

Und dennoch: Es war beeindruckend wie schnell sich Tigerlilly bei ihm einlebte. Noch beeindruckender war wie schnell er sich in sie verliebte! Sie umgarnte ihn derart mit ihrem charmanten Wesen, dass das Zusammenleben mit ihr eine wahre Freude für ihn war! Nachts ging sie on Tour, tagsüber weilte sie an seiner Seite. Sie teilten ihr Leben. Miteinander. Und plötzlich fühlte er sich auch wieder lebendig! Wurde gebraucht! Und war nicht mehr einsam.

Ihre Ähnlichkeiten mit seinem Timo faszinierten ihn jeden Tag aufs Neue. Fehlte nur noch, dass ... Und schon passierte es! Er traute seinen Augen nicht: Eben noch hatte Tigerlilly völlig entspannt im Gras neben ihm gesessen und sich von ihm genussvoll kraulen lassen, als hinter dem hölzernen Hoftor ein Hund mit klingendem Halsband hörbar vorbei geführt wurde. Wie von einer Tarantel gestochen spritze Tigerlilly auf und sauste in rasantem Tempo schnurstracks auf das Hoftor zu! So, wie Timo, wenn er eine Katze vertreiben wollte! Er sah seinen Hund deutlich vor sich! Fehlte nur noch, dass Tigerlilly jetzt gleich bellte!

Für Gordon,

meinen lebhaften Hengst

Es war ein lauer Frühlingsabend als Gordon und ich von unserem mehrstündigen Ausritt in Richtung Heimatstall unterwegs waren. Wir hatten die angenehmen Temperaturen für einen Ausflug zum nahe gelegenen Baggersee genutzt, der zu unser beider Überraschung an diesem späten Nachmittag vollkommen jungfräulich da lag. Kein einziger Badegast war weit und breit zu sehen. Keine schreienden, ausgelassenen im Wasser herum tobenden Kinder. Keine Eltern, die unüberhörbar lautstark immer wieder zur Vorsicht mahnten. Keine Rentner, die sich zuerst über die unerzogenen Kinder und mit dem nächsten Atemzug über die unfähigen Eltern aufregten. Traumhaft still lag der See ruhig vor uns. Das meerblaue Wasser glänzte einladend ... „Was meinst du, Gordon, sollen wir uns ein paar Meter rein wagen?" Ich streichelte meinem Hengst über seine verwuschelte Mähne. Einen kurzen Moment lang hielt er noch inne, um sich dann mit fleißigen

Trippelschritten dem feuchten Nass zu nähern.

Gordon liebte das Wasser! Mit storchenähnlichen Tritten stolzierte er immer weiter in den See hinein. Das Wasser spritze uns kühl um die Ohren und ich gluckste vor Freude! Was hatten wir für einen Spaß! Als mir das Wasser bis zu den Oberschenkeln reichte, glitt ich sanft aus dem Sattel und schon schwammen mein Pferd und ich nebeneinander. War das schön! Gordons Kopf lugte vorwitzig über die Wasseroberfläche, während ihn seine rhythmischen Beinbewegungen durchs Wasser trugen. Ab und an hielt ich mich an ihm fest und ließ mich mit geschlossenen Augen in seinem Rhythmus mitziehen. Dankbar, so etwas Schönes erleben zu dürfen!

Natürlich waren wir beide klatschnass als wir das Ufer erreichten. Gordon schüttelte sich kräftig. Mehrmals. Und die Wassertropfen flogen geradezu von ihm ab. Ich lief eine halbe Stunde neben ihm und zog einen immer weniger wer-

denden Wasserstreifen hinter mir her bis meine Kleider einigermaßen trocken waren. Vergnügt schwang ich mich in seinen Sattel.

Als wir in den letzten Waldweg auf unserem Heimritt einbogen, forderte ich ihn beschwingt zum Traben auf. Munter lief er los, um im nächsten Moment abrupt die Hufe in den Boden zu stemmen. Ich hatte alle Mühe, nicht aus dem Sattel geschleudert zu werden. Wie angewurzelt stand er da. Nichts an ihm bewegte sich. „Was ist denn los?" Meine Fassungslosigkeit schwang in jeder Silbe. „Das da vor uns ist doch nur ein Auto. Ein ganz gewöhnliches Auto." Wie konnte so ein vierrädriges Gefährt meinen Gordon derart erschrecken? Zumal kein Motor lief. Und es völlig still da stand. Das Auto. Lediglich die Scheiben waren stark beschlagen. Von innen. Als würde eine ungewöhnlich hohe Luftfeuchtigkeit herrschen. Im Auto. „Komm, Schatz, geh weiter!" animierte ich Gordon. „Wir wollen doch nach Hause. Auf geht's!" Spürbar unter

Hochspannung setzte mein Pferd seine Hufe in Bewegung. Langsam. Ganz langsam lief er los. Keine zehn Meter weit. Dann stand er wieder wie festbetoniert und fixierte erneut das Auto, an dem wir auf jeden Fall vorbei mussten, um nach Hause zu kommen.

Da! Es bewegte sich! Das Auto! Ganz plötzlich fing es an auf und ab zu wippen. Verharrte einen Moment lang. Und wippte weiter. Auf und ab. Gordon kannte Autos. Fahrende, rollende, hupende, bremsende und stehende. Aber keine wippenden. Das war etwas Neues. Scheinbar Furcht einflößendes. Für mein Pferd. Mich irritierten die rhythmischen Bewegungen des Fahrzeugs zwar auch, aber ich war viel zu sehr auf mein Pferd konzentriert, als dass ich mir irgendwelche Gedanken für den Grund des Wippens machen konnte. „Komm schon, Gordon, das Auto tut dir nichts. Vertrau' mir. Geh weiter." Alles zureden half nichts. Gordon war derart angespannt, dass ich fürchtete, er würde sich im nächsten Moment blitzschnell umdrehen und die Flucht ergreifen. Also stieg ich ab.

Mit Engelszungen redete ich auf ihn ein. Ich wollte ihn an dem „Ungeheuer" vorsichtig vorbei führen. Keine Chance! Das gleichmäßige Wippen und die noch merkwürdigeren stöhnenden Geräusche, die plötzlich japsend aus dem Auto zu uns drangen, ließen Gordon zwar seine Ohren aufmerksam hin und her bewegen, nicht aber seine Hufe. „Na prima. Was ist das denn jetzt? Jetzt stöhnt es auch noch." Ich kam langsam an meine Geduldsgrenze. „Gordon, wir müssen da vorbei. Es gibt keinen anderen Weg nach Hause. Komm jetzt!" Keine Reaktion. Mein Pferd war festgewachsen. Am Boden. Ignorierte alle, aber auch wirklich alle meine Bemühungen ihn mit beschwichtigend sanften Worten an dem Auto vorbei zu führen.

Und das Auto? Das wippte jetzt nicht nur mehr auf und ab, das wackelte begleitet von menschlich laut gestöhnten Lustgeräuschen hin und her! Sollten die

Vibrationen noch heftiger werden, würde es sicher gleich zu hüpfen anfangen! „Jetzt reicht es mir." Energisch klopfte ich laut „Hallo! Halloooo!" rufend an eines der undurchsichtigen Fenster. Prompt stand das Auto still. Kein Wippen mehr. Kein Wackeln. Kein Laut war mehr zu hören.

Vorsichtig wurde ein Fenster leicht geöffnet und zwei verklärte Augenpaare starrten mich völlig erschrocken an. „Entschuldigung für die Störung" sagte ich freundlich und hatte alle Mühe, ein unwillkürlich entstehendes, breites Grinsen auf meinem Gesicht zu unterdrücken... „Könnten Sie bitte einen Augenblick lang warten, bis ich mein Pferd an Ihrem Auto vorbei geführt habe? Das hat sich durch die bewegenden Geräusche so erschreckt, dass wir nicht weiter reiten können." Durch die bewegenden Geräusche? Was gab ich denn da für einen Unsinn von mir! „Ja", japste eine erregte weibliche Stimme aus dem Gefährt, „gehen Sie ruhig vorbei. Wir warten solange." Schwups war die

Fensterscheibe wieder geschlossen. Ich konnte mich kaum beherrschen, nicht lauthals los zu lachen als Gordon mit großen Augen ganz vorsichtig am Auto vorbei lief. Ob das Schäferstündchen wohl seine Fortsetzung fand, nachdem wir außer Sichtweite waren?

Für Betty,

die so herzerfrischend viel Freude in unser Leben gebracht hat

Seit dem Tod ihrer treuen Hündin war sie alleine. Ganz alleine. Ihr Mann war schon vor über zwanzig Jahren gestorben. Kinder hatten sie keine. Auch sonst keine Angehörigen, die sich um sie gekümmert hätten. Jeden Morgen öffnete sie ihr Küchenfenster und streute frische Brotkrumen auf den kleinen Tisch, der vor dem Fenster stand.

Im Sommer ließ sie es den ganzen Vormittag lang offen, um die angenehm kühle Morgenluft zu inhalieren. Im Winter durfte die frische Luft nur für den Augenblick der Krumenaussaat ungehindert in die Küche dringen. Die pure Kälte konnte sie seit den frostig kargen Kriegszeiten nicht mehr ertragen. Und jetzt mit ihren vierundneunzig Lenzen war sie für jedes Schnee und Eis freie Jahr dankbar, weil sie sich nur bei trockenem Wetter mit ihrem Rollstuhl auf die Straße traute.

Still setzte sie sich an den Küchentisch und beobachtete das Fenster. Schon kamen die ersten Meisen angeflogen. Hockten sich geschäftig nieder und pickten in Windeseile das leckere Krumenfrühstück. Sie selbst frühstückte nichts. Eine schwarze Tasse Kaffee genügte ihr. Der Anblick ihrer kleinen, gefiederten Freunde sättigte sie täglich. Auf für sie unerklärliche Weise.

Jetzt kamen die Rotkehlchen. Eifriges Gezwitscher und vogeliges Geschnatter zeugten von einem regen Erlebnisaustausch ihrer Flügelfreunde. Sie selbst redete kaum noch. Alle ihre zweibeinigen Freunde hatte sie überlebt. Genauso wie die meisten ihrer Familienmitglieder. Einige Großnichten und Neffen lebten noch. Irgendwo. In der Ferne.

Sobald die ersten Finken auftauchten, blitzten ihre Augen freudig auf! Diese bunten Vögel liebte sie. Mehr als die anderen. Früher hatte sie auch kunterbunte Kleider getragen. Farbenprächtige Roben und schillernde Schuhe. Anders als heute. Täglich spiegelte sich ihr trister Alltag in ihrer grauschwarzen Kleidung wieder. Wurde untermalt von ihren dunklen Schuhen. Ihrem schütteren Haar und ihrem fahlen Gesicht.

Stundenlang beobachtete sie das lustige und eifrige Treiben auf dem kleinen Tisch vor ihrem Fenster. Wendete kein Auge ab. Solange, bis die Vögel satt davon flogen. Was beneidete sie die Tiere um ihre Flügel! Und die Freiheit, die sie ihnen verliehen! Mit ihren Flügeln konnten sie die Welt jeden Tag aufs Neue entdecken! Waren nicht in vier Wände eingesperrt. Gefesselt an einen Rollstuhl. Angewiesen auf die Hilfe Fremder. Abhängig von anderen. Oder doch? Waren sie nicht ein Stückchen weit abhängig von ihr? Der alten, an den Rollstuhl gefesselten Frau, die ihnen jeden Morgen frische Brotkrumen servierte? Damit täglich ein bisschen Freiheit zu ihr zurück kehrte?

Für Wotan,

unser Energiebündel auf

vier Pfoten

Was für ein trüber Donnerstag! Schon früh am Nachmittag wurde es dunkel. Stockfinster. Kein strahlender Mond, keine funkelnden Sterne waren heute zu sehen. Dafür umgaben uns mächtig dicke Nebelschwaden. Wir waren auf unserem täglichen Abendspaziergang. Wotan und ich.

Wotan war ein ausgewachsener Rottweiler von gut fünfundvierzig Kilos. Eine Masse Hund. Und dabei ein ausgesprochen freundlicher Rüde. Im Grunde zu gut für diese Welt. Er war Menschen und anderen Vierbeinern gleichermaßen zugetan. Bellte selten. Ich war mir nicht einmal sicher, ob er überhaupt wusste, dass er knurren konnte.

Seit einer guten halben Stunde drehten wir unsere Feldrunde. Normalerweise begegneten wir dabei einigen anderen Hundebesitzern und Wotan konnte sich nach Herzenslust mit seinen Artgenossen austoben. Aber heute war keine Menschenseele unterwegs. Und irgendwie konnte ich das gut verstehen, denn ich selbst erkannte meinen Hund

*im dunklen Nebel nur konturenhaft.
Erahnte, wo er gerade war.*

„Wotan? Wooottaaan!" rief ich ihn suchend. Zwei kleine Augen blitzten mir ein wenig entfernt entgegen. „Wo treibst du dich denn wieder herum? Hierher!" Schon wollte ich den auf mich zukommenden Augen entgegen laufen, als ich etwas Felliges in meiner rechten Hand spürte. Verdutzt blickte ich nach unten: Da stand mein Wotan. Press neben mir. Und schaute ebenfalls in die Richtung der sich uns langsam nähernden merkwürdig leuchtenden Augen. „Wenn du neben mir bist, was kommt denn dann da auf uns zu?" flüsterte ich, eine aufsteigen wollende Angst gerade noch rechtzeitig im Keim erstickend. Wotan presste sich spürbar fest an mein Bein. Hatte mein Hund etwa Angst? Vor diesen großen Augen, die seit Sekunden starr an ein und derselben Stelle verharrten? Mir wurde übel mulmig zumute. Wenn sich schon mein Hund, dieses mutig starke Tier derart fürchtete, dass es bei mir Schutz suchte, war es

sicher das Beste, ganz vorsichtig den Rückzug anzutreten. Wer wusste schon, was das für ein Tier war?! Vielleicht ein Fuchs? Oder schlimmer noch: Eine Wildsau! Ganz sicher war es ein gefährlich wildes Tier! Und ich hatte Angst vor ihm. Ganz große Angst sogar!

„Wotan, komm, lass uns gehen", flüsterte ich kaum hörbar. Nahezu unmerklich begannen wir das Feld mit leisen Tritten und in Zeitlupe zu räumen. Wir wollten keinesfalls die Jagdlust dieses Wildtiers provozieren! Jeder unserer Schritte schien magnetisch zu sein: Die gefährlich leuchtenden Augen folgten uns! Meter für Meter! Was, wenn es gleich über uns herfiel?! Uns womöglich sogar fressen wollte?! Plötzlich spürte ich meinen Herzschlag im Hals! Mein Puls raste! Und meine Angst wurde übermächtig! Und Wotan knurrte! Das erste Mal in seinem Leben. Jetzt war mir klar: Wir befanden uns in Lebensgefahr! Wurden bedroht! Von einem unbekannten Wesen! Einem Untier!

„Haben Sie zufällig meinen Hund gesehen?" Ein tippender Finger auf meiner Schulter ließ mich einem Herzinfarkt nahe zusammen fahren, während Wotan im gleichen Atemzug freudig mit seinem Stummelschwänzchen zu wedeln anfing. „Ihren Hund?" hauchte ich meinem Gegenüber zu. „Ja, meinen Hund. Ich suche ihn seit über einer Stunde und bin vor lauter Rufen schon heiser", kam als Antwort. Und schon eilte das nachtaktive Untier mit den gefährlich leuchtenden Augen Schwanz wedelnd auf uns zu ...

Für Fuzzi,

die Sabines Leben nachhaltig beeinflusst hat

Es war ein sonniger Maitag. Fuzzis Fohlen war zwei Tage alt und sollte heute das erste Mal mit seiner Mama auf die Koppel. „Die Koppel" war ein mit Elektroband abgegrenztes, für zwei Pferde ausreichendes Viereck, dessen sattes Grün unseren Vierbeinern allein schon beim Anblick das Wasser im Maul zusammen laufen ließ. „Langsam, langsam. Immer mit der Ruhe" beschwichtigte Sabine ihre Fuzzi, die sie mit hektischen Schritten auf das Grasstück zog. Petit Fleur folgte den beiden brav. Beim Anblick der vielen Pferde, die auf der anderen Seite des Elektrozauns neugierig den beiden entgegen gelaufen kamen, drängte sich die Kleine schüchtern fest an Fuzzis Flanken. Fuzzi legte streng ihre Ohren an den Kopf und signalisierte jedem, dass er ihrer Tochter auf keinen Fall zu nahe kommen sollte. Aber dank des Elektrozauns war das sowieso unmöglich.

Kaum hatte Sabine den Führstrick von Fuzzis Halfter gelöst, fing diese in aller Ruhe zu grasen an. Petit Fleur beäugte unverändert skeptisch die vielen Tanten und Onkel auf der anderen Seite – mit gebührendem Abstand zum Zaun versteht sich.

Sabine und ich blieben vor der Koppel stehen und betrachteten lächelnd das Schauspiel, das sich uns bot: Petit Fleur versuchte mit ihrem kleinen Mäulchen ein paar leckere Grashalme zu erhaschen. Vergeblich. Ihre Beine waren einfach zu lang und permanent im Weg. Der kleine Kopf kam gar nicht nah genug an den Boden. Zu unserer Überraschung dauerte es allerdings nicht einmal fünf Minuten und Petit Fleur hatte begriffen, dass sie nur ihre Beine zu spreizen brauchte, um die grünen Leckerbissen zu erhaschen. Sie war so intensiv damit beschäftigt Grashalm für Grashalm aufzunehmen, dass sie gar nicht bemerkte, wie nah sie dem Elektrozaun schon gekommen war. Auch Fuzzi schien vor lauter Fressen nicht zu registrieren, dass sich ihre Tochter immer weiter von ihr entfernte. Die Pferde auf der anderen Seite hatten sich zwi-

*schenzeitlich über ihre große Koppel
verteilt. Nur vier ältere Stuten hielten
sich noch immer neugierig am Zaun
auf. Sie schienen von Petit Fleur fasziniert zu sein. „Wie gut, dass eine gehö-
rige Portion Strom auf dem Zaun ist",
sagte ich zu Sabine, „Sonst würden die
Damen da drüben der Kleinen sicher
einen Besuch abstatten wollen." Sabine
lachte: „Oh ja, das glaube ich auch! So
wie die gucken, saugen sie unser Fohlen
gleich durch den Zaun!"*

*Kaum hatte Sabine ihren Satz zu Ende
gesprochen, passierte es: Petit Fleur
stand plötzlich zwischen den Tanten auf
der anderen Seite! Keine Ahnung wie
sie das geschafft hatte! Natürlich wurde
sie mit lautem Wiehern umringt. Das
war zu viel für die Kleine! Von pferdi-
scher Fürsorge fast erdrückt, stürmte
sie laut nach ihrer Mama schreiend
davon! Und Fuzzi? Fuzzi brüllte wie
eine Furie und raste auf Sabine und
mich zu! „Achtung, die rennt durch den
Zaun und uns um!" schrie Sabine. Geis-
tesgegenwärtig versuchte ich nach den*

Elektrobändern zu greifen und schon flog Fuzzi mit wehender Mähne an uns vorbei! Hinein in den Elektrozaun, der bis zu diesem Moment die große Pferdeherde noch sicher von ihr getrennt hatte! Mit einem lauten Knall flogen uns die zerrissenen Elektrobänder um die Ohren! „Oh je! Was machen wir jetzt?! Die ganze Herde rennt auf uns zu! Die machen uns platt!" Blankes Entsetzen blitzte aus unseren Augen! Alle Pferde schossen im gestreckten Galopp wild durcheinander auf der Koppel umher und versuchten Fuzzi, die sich beschützend um ihr Fohlen drängte, von der Kleinen zu trennen. Es herrschte das absolute vierhufige Chaos! Entschlossen bückte ich mich und hob die kaputten Elektrobänder auf. Ich wollte wenigstens den Eindruck eines begrenzenden Zauns erwecken, um zu verhindern, dass gleich alle Pferde durchgingen und die nahe gelegenen Straßen unsicher machten! Die Stromschläge spürte ich kaum. Stand ich doch selbst viel zu sehr unter Strom! Einzig mein Herz fühlte ich angsterfüllt in meiner Brust schlagen!

„Lass Fuzzi und Petit Fleur raus!" schrie Sabine, „Die beiden laufen nicht weg! Die rennen sicher in den Stall zurück!" Unser Pensionsstall lag nur wenige Meter von einer viel befahrenen Schnellstraße entfernt – ich wollte mitnichten auch nur ansatzweise daran denken, was gleich Schlimmes passieren konnte! „Klack! Klack! Klack!" Die Stromschläge, die das Weidezaungerät hörbar von sich gab, spürte ich plötzlich. Sehr deutlich sogar! Im Gleichschlag durchzuckten sie meine Handflächen, dann meine Arme und ließen schließlich meinen ganzen Körper unangenehm vibrieren! „Achtung! Jetzt!" rief Sabine lauthals und ich ließ Fuzzi, die ihr Fohlen gekonnt vor sich her trieb, an mir vorbei rennen, um sofort wieder die Elektrobänder bedrohlich schwenkend der übrigen Herde den Weg zu versperren. Unbewusst bewegte ich die Bänder im Takt der Stromschläge, die mir immer mehr wehtaten! Aber es half wirklich:

Die auf mich zu galoppierende Herde bremste und wandte sich von mir ab, um sich wieder kreuz und quer über die Koppel zu verteilen. Plötzlich schien das Gras wieder interessant zu sein. Innerhalb weniger Minuten kehrte eine überraschende Ruhe ein und die Pferde grasten friedlich vor sich hin als wäre nichts geschehen.

Sabine hatte Fuzzi und Petit Fleur einfangen und beruhigen können. Jetzt kamen die drei gemütlich im Schritt auf mich zu. „Sabine ...", meine Stimme schwächelte hörbar. Die Stromschläge waren fühlbar stark geworden. „Alles gut" antwortete Sabine, „Was bin ich froh, dass du so schnell reagiert hast! Echt super! Danke dir!" „Sabine ..." Erneut bremste Sabine mich verbal aus: „Das hätte mächtig ins Auge gehen können! Wenn die alle auf die Straße gerannt wären ... nicht auszudenken!" „Sabine, das Stromgerät ..." Ich hatte alle Mühe, die rhythmisch zuckenden Bänder noch länger festzuhalten! „Was ist mit dem Stromgerät?" fragend sah mich Sabine an, während sie ihre beiden Pferde in den kleinen Koppelbereich entließ. „Es ist noch an! Und ich steh unter Strom! Bitte mach's aus!"

Nachdem die Stromschläge schlagartig aufgehört hatten, hatte ich noch eine ganze Weile einen gefühlten Puls von zweihundert …

Fachmännisch reparierte Sabine die Elektrobänder, während ich die Pferde im Auge behielt. Und als der Zaun wieder ganz und das Stromgerät wieder hörbar eingeschaltet war, zuckte ich unwillkürlich zusammen. Warum nur?

Für Angie und Max,

unsere Liebe auf vier Pfoten

Eine feuchte Schnauze,

die dich morgens zärtlich weckt,

eine nasse Zunge,

die dir erfrischend übers Gesicht schleckt,

treue Augen,

die dich ergeben ansehen

und dich fragen:

„Willst du mit mir durchs Leben gehen?"

Zwei Pfoten,

die sanft deine Arme umschlingen,

Laute,

die nach freudigem Bellen klingen,

ein felliger Kopf,

der sich vertrauensvoll in deinen Schoß legt,

ein Herz,

das einzig für dich schlägt,

das ist Liebe

wie sie dir nur ein Vierbeiner geben kann!

Für Wuschel,

unseren singenden Kater

Wir hatten einen verregneten, mäßig warmen Herbst und auch jetzt, mitten im Winter, ließ der Himmel beständig seine nassen Schleusen offen. Kein Schnee in Sicht. Nur hässlich nasskaltes Wetter.

Wir kamen spät von der Arbeit nach Hause. Kaum hatte ich das Tor geöffnet, lief mir unsere kleine Katze maunzend entgegen. „Hallo, kleine Maus. Ich weiß, ich weiß, dieses Schmuddelwetter ist nicht mehr zu ertragen", schloss ich mich ihrem Protest an. Ich öffnete die Haustür und unsere Katze beeilte sich, ins Warme zu kommen. Mit einem gekonnten Satz sprang sie auf die auf Hochtouren laufende Heizung und ließ sich der Länge nach sichtlich zufrieden auf ihr nieder. „Ich glaube, Cindy geht heute nicht mehr raus", lachte mein Mann als er mit prall gefüllten Einkaufskörben ebenfalls ins Haus kam. „Nun, das können wir ihr auch nicht verdenken. Schließlich ist sie den ganzen Tag draußen und freut sich bei den ekligen Temperaturen ebenso auf die warme Stube wie wir. Mir graut schon davor jetzt gleich wieder raus zu gehen, um unsere Pferde zu versorgen", stöhnte ich. „Was hältst du davon, wenn ich dir helfe und wir im Anschluss gemeinsam was Leckeres kochen?" Mein herzlicher Kuss genügte als Antwort.

Nachdem wir unsere Stallklamotten angezogen hatten, gingen wir zu unseren Pferden, die uns mit einem hungrigen Wiehern freudig begrüßten. „Hallo ihr zwei! Na, Lust auf Heu?" Was für eine Frage! Selbstverständlich hatten die beiden Appetit auf Heu und folgten eifrig meinem prall gefüllten Schubkarren in ihren Freßstand. Während ich mit dem Aufsammeln der mehr oder weniger vom Regen völlig durchtränkten Pferdeäpfel begann, füllte mein Mann die Tränkebottiche mit frischem Wasser auf. Gerade wollte ich den Schubkarren zum Ausmisten in den Stall fahren, als ein greller Singsang die Luft lautstark erfüllte: Unser Gastkater kam mit großen Schritten stolz auf mich zugelaufen und verkündete dabei un-

überhörbar seinen Hunger. „Hallo Wuschel, wo kommst du denn her? Du bist ja ganz nass!" freundlich strich ich ihm über seinen feuchten Rücken während er mir um die Beine strich. In den letzten drei Wochen hatte er auffallend zugenommen – ein Zeichen dafür, dass wir unmöglich seine einzige Futterquelle sein konnten.

Als er vor gut einem Jahr das erste Mal bei uns auftauchte, war er völlig verschüchtert. Sein magerer Körper war übersät von Kampfspuren und sein struppiges Fell fehlte an mancher Stelle ganz. Mittlerweile hatte er ein flauschig weiches, glänzendes Fell, kaum noch Kampfspuren und sogar ein kleines, kugeliges Bäuchlein. Ich füllte seinen Futternapf, streichelte ihm nochmals über seinen hübschen Kopf und verschwand im Stall. „Wo kommst du denn jetzt her?" fragend blickte mich mein Mann an. Er hatte weder Wuschels Kommen, noch mein Verschwinden bemerkt. „Ich habe Wuschel sein Abendessen serviert. Hast du ihn nicht kommen *hören?" Kopfschüttelnd verneinte mein Mann meine Frage.*

Während wir mit Misten anfingen, juckte plötzlich mein Hals. Sehr sogar. Ich schob meinen Rollkragen beiseite und kratzte das Jucken weg. Wir misteten weiter. Drei, vier Gabeln hob ich in den Schubkarren, als es plötzlich auf meinem Rücken juckte. Noch mehr als an meinem Hals! Ich stellte mich wie unsere Pferde in den Türrahmen und rieb meinen Rücken energisch am harten Holz. Tat das gut! „Was machst du da?" Thomas traute wohl seinen Augen nicht. Bislang kannte er solche „Scheueraktionen" nur von unseren Pferden. Mein Anti-Juck-Programm war neu für ihn. „Mich juckt mein Rücken! Und wie!" Plötzlich stach irgendetwas zu! In meinem Rücken! „Auuuuaa! Oooh! Auuutsch!" Meine schmerzerfüllten Schreie ließen den Stall beben! Und ich fing an mich auszuziehen! Warf meine Jacke von mir! Den Rollkragenpulli hinterher! „Frau ...?!" Freudig entgeistert verfolgte mein Mann meinen Strip-

tease. Zack! Meine Jeans lag am Boden. Und ganz vorsichtig tastete ich nach meinem Lendenbereich. „Frau? Was ist mit dir?" Die Fragezeichen, die mein winterlich gekleideter Mann mir mit seinen ungläubigen Blicken entgegen warf, hätten mich fast zum Lachen animiert – wären da nicht diese heftigen Schmerzen auf meinem Rücken! „Irgendwas hat mich gestochen! Auf dem Rücken! Das tut so weh!" „Dreh' dich mal um und lass mich gucken." Gehorsam folgte ich der Anweisung meines Mannes. „Booaah! Sieht dein Rücken aus!" Jetzt hatte ich die Fragezeichen in den Augen: „Ja wie denn? Wie sieht er aus? Wie viele Stiche habe ich?" „Zu viele. Und auf jeden Fall nicht von Stechmücken. Hmmhmmm." Seine Denkpause verursachte mir ein flaues Gefühl in der Magengegend. Keine Stechmücken. Okay. Aber was hatte mich denn dann so übel zugerichtet? „Das sind Flohbisse!" „Wie bitte? Flohbisse?! Bist du sicher?" Ich hatte in meinem ganzen Leben noch nie einen Floh gehabt. Geschweige denn war ich je-

mals von einem gebissen worden. Bis jetzt eben.

Aufs Neue inspizierte mein Mann meinen Rücken. Akribisch ließ er seinen Blick und seine Finger über meine Juckstellen wandern. „Das sind definitiv Flohbisse. Verzweifelte Flohbisse." „Verzweifelte Flohbisse? Du willst mich auf den Arm nehmen, oder?" Ungläubig starrte ich meinen Mann an. „Nein, ich will dich ganz und gar nicht veräppeln. Es sieht wirklich so aus, als hätte der Floh willenlos um sich gebissen, weil ihm ganz offensichtlich irgendetwas nicht gepasst hat." „Dem Floh hat an mir irgendetwas nicht gepasst?! So, so." „Ja. Der ist sicher nur zufällig an dich geraten. Der wollte sich bestimmt viel lieber auf einem Vierbeiner einnisten …" Täuschte ich mich oder nahm mein Mann da gerade einen bissigen Floh in Schutz?!

Und plötzlich wurde mir klar, von wem ich mir diesen aggressiven Beißer eingefangen hatte …

Für Lady, Peppy und Seppy

durch die ich wieder zu mir selbst gefunden habe

Schweigend saßen wir im Auto. Auf der Fahrt ins Büro. Mein Mann und ich. Wir hatten ein unternehmensintensives, feucht-fröhliches Wochenende hinter uns und waren noch ein wenig müde. Unser sonntäglicher Ausflug hatte uns mit lieben Freunden einen ganz Tag lang durch unseren schönen heimischen Wald geführt. Selbstverständlich per Pedes. Ohne Landkarte und ohne Kompass. Beides war unnötig, denn mein Mann kannte sich bestens aus. Dank unserer beiden Hunde, mit denen er so oft es ging on tour war. Manchmal stundenlang. Und natürlich in Begleitung unserer jungen Pferde, für die unsere Waldausflüge immer wieder eine willkommene Abwechslung waren. Was hatten sich unsere Vierbeiner über unsere gestrige, ausgedehnte Wanderung gefreut! Wie üblich legten unsere Hunde die drei- oder gar vierfache Wegstrecke zurück – ständig rannten sie voraus, um nach wenigen Metern wieder zu uns zurück zu kehren. Unsere Pferde blieben lieber inmitten unserer Freunde und uns. So fühlten sie sich vor den wilden

Gefahren des Waldes sicher. Bis zum Mittagessen war auch ich ausgesprochen munter gewesen. Verspürte ausnahmsweise sogar keine Schmerzen in meinen in die Jahre gekommenen Knie. Und konnte beschwingt mit den anderen Schritt halten!

Das Mittagessen war deftig, denn schließlich brauchten wir genügend Energie für den Heimweg. Es schmeckte ausgezeichnet und ich wunderte mich über die merkwürdigen Geräusche, die so plötzlich während des Essens aus meinen Därmen in meine Ohren drangen. Als ob es in meinem Bauch zu brodeln begann. Und plötzlich brabbelte es. In meinem Bauch und meinen Gedärmen! Das Knotern und Knurren meiner Eingeweide war nicht mehr zu überhören! Das war richtig komisch, denn mein Essen schmeckte mir sehr gut. Eifrig aß ich den Teller leer und schenkte meinem motzenden Bauch keine Bedeutung mehr.

Gestärkt und gut gelaunt traten wir den Heimweg an. Nach einigen Schritten wurde meine gute Laune weniger. Je mehr ich mich bewegte, desto sichtbarer schwoll mein Bauch an! Meine Jeans, die sich sonst mit einem engen Gürtel an meiner Hüfte fixieren musste, kniffen in meinen nicht vorhandenen Speck! Schnürten mir jetzt sogar die Luft ab! Ich lockerte den Gürtel soweit es ging und öffnete den obersten Hosenknopf. Tat das gut! Ich konnte durchatmen, ohne dass mein Bauch spannte. Aber nur für wenige Minuten, denn plötzlich fing der Reißverschluss meiner Jeans unangenehm zu drücken an. Das konnte doch nicht wahr sein? Ich konnte unmöglich mit offener Hose durch den Wald laufen! Was sollten die anderen von mir denken?

Und schon eskalierte mein Unwohlsein: Ich verspürte einen unausweichlichen Druck! Einen Druck, dem ich dringend, nein, ganz dringend nachgeben musste! Und zwar jetzt gleich! Ich schickte die anderen drei samt Vierbeiner vor und suchte nach einem passenden Gebüsch. Vergeblich! Weit und breit war nicht einmal der Hauch eines kleinen Busches zu sehen. Offene Waldwege soweit mein Auge reichte! Ich konnte von überall gesehen werden ...

Aber es half nichts: Der Druck in meinem Darm wurde von Sekunde zu Sekunde unerträglicher! Übermächtig! Und ich musste ihm nachgeben! Mehrfach ... Ganze vier Mal saß ich mit herunter gelassener Hose da. Nach dem vierten Entleerungsvorgang glaubte ich es geschafft zu haben. Aber jedes Mal, wenn ich meine Hose wieder zugeknöpft hatte und einige Meter gelaufen war, wollte wieder „etwas" aus meinem Darm raus fließen! Und ich konnte es partout nicht zurück halten! Nach zwei weiteren Sitzungen war der ganze Spuk vorbei. Endlich! Mein Bauch hatte wieder seinen normalen Umfang, meine Jeans hingen locker über meiner Hüfte und ich konnte meinen Gürtel problemlos wieder enger schnallen. Eigenartigerweise war mir weder elend noch übel. Im Gegenteil: Ich fühlte mich regelrecht erleichtert und ausgesprochen agil. Also setzen wir unsere Wanderung unverändert fröhlich fort. Ohne weitere besondere Vorkommnisse.

Wie üblich kamen jetzt um sieben Uhr in der Früh die täglichen Nachrichten im Radio. Und wie üblich hörten mein Mann und ich aufmerksam zu.

Eine Meldung ließ mich ganz besonders aufhorchen: In unserem heimischen Wald waren seit geraumer Zeit viele Kameras zur Wildbeobachtung installiert. Dagegen hätten nur etliche Waldnutzer geklagt, weil sie sich in ihren Persönlichkeitsrechten verletzt sahen.

Kameras zur Wildbeobachtung. Fest installiert. Mein Kopf arbeitete auf Hochtouren. Und trieb mir eine schamhafte Röte ins Gesicht. „Schatz, meinst du, dass da, wo wir gestern wandern waren, auch solche Kameras an den Bäumen angebracht waren?" fragend blickte ich meinen Mann an. „Kann schon sein." Meine Wangen färbten sich blutrot! „Wieso fragst du?" Mit einem neugierigen Blick, aber ohne jeglichen verbalen Kommentar nahm mein Mann meine sehr gesunde Gesichtsfarbe zur Kenntnis. „Stell' dir vor, so ein Jäger schaut sich die Kameraaufnahmen an und sieht statt einer Rotte Wildschweine, Rehe oder Füchse mich..." „Wie? Dich?" „Na ja, mich eben. Wie ich da zigmal die Hosen runter lasse und mich entleere!"

... fast hätte meine Mann vor lauter Lachen eine rote Ampel überfahren ...

Für alle Vierbeiner,

die unser Leben

so lebenswert machen

Was für eine Hektik heute! Ich steckte mitten in den Geburtstagsvorbereitungen für meine Gäste am Nachmittag. Ja, ich weiß: Die beiden Kuchen hätte ich gestern schon backen können ... Aber dann wären sie nicht so frisch wie heute! Und ich wollte schließlich meine Geburtstagsgäste bei gutem Kaffee mit leckerem und nun einmal frisch gebackenem Kuchen verwöhnen. Die erste Torte war bereits im Mülleimer gelandet. Sie hatte derart am Blech geklebt, dass ich sie nur Stückchenweise lösen konnte. Und zerstückelte Torte wollte ich meinen Freundinnen keinesfalls vorsetzen. Zumal unter ihnen wahre Backwunder waren! Meine Freundin Lisa zum Beispiel konnte mit wenigen Zutaten die tollsten Torten zaubern! Nicht nur optisch! Ihre Kuchen schmeckten auch immer hervorragend. Und nach mehr ... Autsch! Hatte ich mich jetzt nicht an dem heißen Backblech verbrannt? Wie konnte mir auch der Topflappen einfach so aus der Hand gleiten? Egal! Die neue Torte sah ganz passabel aus und löste sich vor allem locker vom Blech. Ich brauchte sie nur noch abkühlen lassen, dann könnte ich sie mit süßsauren Johannisbeeren und frisch geschlagener Sahne verschönern.

Gerade als ich meinen einfachen, aber sensationell schmeckenden Rotweinkuchen in den Backofen schob, huschte etwas blitzschnell über meinen Kopf hinweg. Und ließ eine Kleinigkeit fallen. Natürlich mitten auf meinen Kuchen! In meinem Backeifer hatte ich völlig vergessen, dass Harry noch frei war. Harry war mein Kanarienvogel. Ein hübscher gelbgefiederter Freund, der mir mit seinem fröhlichen Gezwitscher jeglichen Kummer aus meinen Gedanken pfiff. Freies Fliegen fand er klasse und tobte sich dabei so richtig aus. So, wie eben gerade als er über mich mit meinem Kuchen hinweg flog und dabei seiner natürlichen Verdauung freien Fall ließ. Sein winziges Scheißhäuflein war derart schnell im Kuchenteig versunken, dass ich nicht einmal mehr wusste, wo es auch nur annähernd eingeschlagen war. Was sollte ich jetzt tun? Den

Teig wegschütten? Einen neuen Rotweinkuchen machen? Hatte ich überhaupt noch genügend Zeit, um einen neuen Kuchen vorzubereiten? Nein. Die hatte ich nicht. Die Zeit war mir davon gelaufen und in einer Stunde würden meine Gäste Sturm klingeln. Ob so ein gebackenes Vogelkackhäufchen von einem Schokostreusel wohl zu unterscheiden wäre? Mit dem bloßen Auge? Ich konnte es mir kaum vorstellen. Also schob ich den Rotweinkuchen in den Ofen. Mitsamt dem eingesunkenen Vogelhäufchen.

„Mama! Maaammmaaaaa!" Was hatte mein Sohn doch für ein Organ. „Was ist denn?" Täuschte ich mich oder klang meine Stimme leicht genervt? Mein Sohn verstand es nämlich bestens immer dann, wenn ich unter Zeitdruck war und irgendetwas vorzubereiten hatte, für das perfekte Chaos zu sorgen... „Mama, komm schnell! Harry ..." Aha, mein Vogel sollte also heute der Chaot sein. Nicht mein Sohn. "Was ist mit ..." schon steckten mir alle weiteren

Worte im Munde quer. So, wie Harry in Gwendolyns Maul! Gwendolyn war unsere sechs Monate alte Mischlingshündin. Eine ruhige und ausgesprochen ausgeglichene Hündin, die bis zu diesem Moment noch keinem etwas zu leide getan hatte.

Jetzt aber steckte Harry quer in ihrem noch leicht geöffneten Maul. Rechts lugte sein kleiner Po hervor, links konnte ich noch seinen Kopf erkennen. Was, wenn Gwendolyn ihn verschluckte? Sicher würden die vielen Vogelfedern ihrem empfindlichen Magen gar nicht gut tun! Womöglich müsste sie sich übergeben? Oder bekam Durchfall? „Mama! Gwenny frisst Harry gleich!" Was war mein Sohn denn so hysterisch? „Mama, mach doch etwas!" „Maammmaa!" Der Schrei holte mich aus meinem Dämmerzustand! Wieso machte ich mir Sorgen um Gwendolyn, wenn Harry gleich sterben sollte?! Mein Harry! Mein energisches „Aus!" gepaart mit einem leichten Klaps auf die Hundenase ließen Gwendolyn Harry ausspucken.

Harry war patschnass! Und hatte keine Schwanzfedern mehr! Behutsam hob ich ihn auf und legte ihn in seinen Käfig. Da blieb er auch erst einmal ganz still liegen. „Mama, lebt er noch?" Die Tränen in den Augen meines Sohnes waren nicht zu übersehen. Tröstend nahm ich ihn in meine Arme. „Er lebt noch. Und wir lassen ihn jetzt ganz in Ruhe, damit er sich hoffentlich von dem Schock erholen kann."

Es dauerte eine gefühlte Ewigkeit, bis ein leises „Twweeed" aus dem Käfig erklang. Sofort sahen wir nach Harry. Selbstverständlich in Begleitung von Gwendolyn, die sichtlich noch nicht so ganz verstanden hatte, warum sie mit Harry nicht spielen, geschweige denn ihn verspeisen durfte. Da saß er nun, unser Harry: Wie frisch geduscht und geföhnt! Wenn auch ohne Schwanzfedern. Prompt drehte er uns den Rücken zu, als wir seinem Käfig näher kamen. Und das, obwohl ich ihn doch gerettet hatte!

Ganze drei Tage lang verließ Harry seinen Käfig nicht. Dann normalisierte sich sein Zustand wieder. Allerdings flog er nie mehr wieder in Gwendolyns Nähe.

Übrigens wurde der Rotweinkuchen an diesem Nachmittag von meinen Freundinnen noch mehr gelobt als je zuvor: Er würde heute ja so was von ausgezeichnet schmecken! Ein fantastischer Kuchen! Einfach genial! Woran das wohl lag?

... und mit denen wir so viel Spaß haben!

Wir waren um neunzehn Uhr zum Essen verabredet und freuten uns schon den ganzen Tag auf den heutigen Abend! Seit einer gefühlten Ewigkeit hatten wir Luise, George, Lara, Marie und Sophie nicht gesehen und es gab unendlich viel zu erzählen.

Als wir voller Vorfreude im Lokal eintrafen saßen zu unser beider Überraschung nur Luise und George an dem von uns bereits vor Wochen reservierten Tisch. Das Lokal hatte nicht nur einen ausgesprochen guten Ruf, sondern in der Tat immer eine mehr als leckere Küche! Mein Mann und ich waren seit vielen Jahren Stammgäste und entsprechend herzlich fiel die Begrüßung durch den Gastwirt aus. Nach etlichen Umarmungen und Küsschen konnten wir endlich unsere Freunde begrüßen. Luise war eine unverheiratete Mittvierzigerin, ungefähr einen Meter fünfundachtzig groß mit roten, wallenden Locken und einer recht hageren Figur, auf die ich schon mein Leben lang neidisch war. Sie konnte den gan-

zen Tag lang willenlos alles und ich meine damit wirklich alles, also von Schokolade bis zu purem Fett, in sich hinein stopfen und nahm kein einziges Gramm zu! Wenn ich Schokolade nur ansah ... George war ein paar Tage älter als Luise und ein beeindruckend stattlicher, charmanter Mann, verheiratet mit Lara und Papa der Zwillingsschwestern Marie und Sophie. Sophie hatte aus unerklärlichen Gründen heute Nachmittag plötzlich Fieber bekommen und nach langem Hin und Her war Lara mit den beiden Mädchen lieber zu Hause geblieben. Das war natürlich völlig nachvollziehbar, aber sehr, sehr schade, weil wir uns nun eben schon so lange nicht mehr gesehen und gesprochen hatten. Ich beschloss kurzerhand sie morgen anzurufen.

George und Luise hatten sich vor über fünfzehn Jahren durch uns kennen gelernt und sich von der ersten Sekunde an sichtlich gut verstanden. Bisweilen beschlich mich das Gefühl, dass Georges Frau ein wenig eifersüchtig auf Luise war. Einen Grund dazu hatte sie aber definitiv nicht. Und heute Abend sollte Laras potenzielle Eifersucht sowieso keine Rolle spielen.

Nach einem noch herzlicheren Hallo als mit unserem Wirt und deutlich mehr Küsschen und Drücken, widmeten wir uns erst einmal den kulinarischen Köstlichkeiten, die wir in den nächsten vier bis fünf Stunden zu uns nehmen wollten. Selbstverständlich dauerte es eine Weile, bis sich jeder für sein Abendmenü entschieden hatte. Einzig beim Wein waren wir uns alle sofort einig: Erst gab es einen Aperitif, zur fischigen Vorspeise einen Weißwein, zum Salat wahlweise einen weißen oder Rotwein und zum fleischigen Hauptgang einen blumigen Rotwein. Lediglich unseren Digestiv wollten wir am Ende nach eigenem Ermessen wählen. Wir saßen übrigens alle recht leicht bekleidet auf der Terrasse. Mit achtundzwanzig Grad und einem beständig wehenden, zarten Lüftchen war der Abend geradezu prä-

destiniert für gute Gespräche. Und die folgten jetzt natürlich!

Luise erzählte in epischer Breite von ihrem neuen Job. Sie hatte dank ihres klugen Verstandes und nicht zuletzt auch ihrer hervorragenden Arbeitsweise auf der Karriereleiter einige Sprossen übersprungen und stand nun seit einigen Monaten an der Spitze eines großen Unternehmens. Die auf ihren muskulösen Schultern lastende Verantwortung trug sie mit Fassung und enormem Spaß! Dass für diese Aufgabe ihre Freizeit gleich Null war, störte Luise nicht. Sie lebte für ihren Beruf!

George dagegen war der Familienmensch schlechthin. Wenn er morgens zur Arbeit musste, dachte er bereits an den Feierabend und daran, was er dann alles mit seiner Frau und seinen Töchtern unternehmen wollte. Seine Familienurlaube prägten heute Abend seine Erzählungen. Wir wurden nicht müde, seinen ausgeschmückten und so lebendig geschilderten Urlaubsgeschichten zu zuhören. Bei seiner gestenreichen Er-

zählweise tätschelte er ab und an Luises Arm, klopfte ihr auf die Schulter und streichelte ihr hin und wieder über ihre Lockenpracht. Ob Lara doch Grund zur Eifersucht hatte? Er schien mit Luise sehr vertraut zu sein. Zu vertraut vielleicht? Seine Frage nach unserem Empfinden riss mich aus meinen Gedanken und schon schwelgten mein Mann und ich in unseren Geschichten.

In gut drei Wochen wollten wir zwei Fohlen zu uns holen, die unsere kleine in die Jahre gekommene Pferdeherde zu Hause sicher ein wenig aufmischen würden. Bis unser vierbeiniger Zuwachs kommen sollte, gab es noch allerhand zu tun und so berichteten wir ausführlich von unseren Baumaßnahmen und insbesondere dem Leid, dem Bauherren bekanntlich ausgesetzt sind, weil selten, aber auch wirklich nur ganz selten, Baumaßnahmen nach Plan und noch weniger nach der eigenen Vorstellung verlaufen. Die Lacher waren auf unserer Seite und der Abend einfach nur gelungen!

Plötzlich verfärbte sich Georges' Gesicht leicht rötlich. Nein. Nicht leicht rötlich. Blutrot! Seine Hände schienen sich in die Tischkante zu verkrallen, während er seinen Oberkörper rückwärtig in die Stuhllehne presste. Mit fassungslos großen Augen sah er Luise an! Luise, deren Hände schon seit längerem mehr unter dem Tisch – ich nehme einmal an, auf ihren Beinen – ruhten, lächelte ihn bezaubernd an. George räusperte sich kurz, aber deutlich und gab ein energisches „Du weißt aber schon, dass ich verheiratet bin?!" an Luise. Mein Mann und ich waren schlagartig still. Hielten die Luft an. Was um alles in der Welt ging da gerade zwischen Luise und George von statten? Sollte Luise etwa ... Luise hatte Fragezeichen im Gesicht. Und zwar viele. Ganz viele. Völlig ungläubig irritiert starrte sie George an. Es war nicht zu übersehen, dass sie Georges Frage so gar nicht verstand. In ihrer gewohnt männlichen Art polterten ihre beiden Hände mit der Gegenfrage „Was ist denn jetzt los?" auf den Tisch. George zuckte zuerst wie ein geprügel-

ter Hund zusammen und fixierte Luises Hände als wären sie brandgefährlich. Gebannt blickten wir von einem zum anderen. Sicher käme es jetzt gleich zu einem Eklat! Ein Eklat unter Freunden! Unsere Freundschaften würden zerbrechen. Hier und heute. Für immer! Nicht auszudenken!

Erwartungsschwanger warteten wir auf Georges Reaktion. Die Röte war zugunsten einer erschrocken fahlen Bleiche aus seinem Gesicht gewichen. Er sah aus als hätte er einen Geist gesehen. Oder gefühlt? Vorsichtig ließ er eine Hand unter den Tisch gleiten. Griff nach etwas. Und zog es ganz langsam, ja fast schon zärtlich nach oben: Der fellige, rote Schwanz der Hauskatze unseres Gastwirts kam zum Vorschein! Wir vier brüllten derart ungehemmt lachend los, dass die Katze mit wehendem Fell prompt Reißaus nahm! „Oh ist mir das peinlich! Oh, oh!" George konnte sich zwischen Lachen und Entschuldigung nicht entscheiden! „Ich spürte da nur etwas Zartes zwischen meinen

Beinen..." Und es waren nicht Luises Hände!

Vielen Dank auch an meine lieben zweibeinigen Freundinnen und Freunde, besonders an:

Andrea, Antje, Astrid, Babsi, Beate, Birgit, Christine, Conny, Dieter, Edith, Elke, Frank, Iris, Kirsten, Kurt, Marianne, Marion, Monika, Peter, Sabine, Siegbert, Susanne und Traudl

und ein ganz besonders herzliches Dankeschön an Gerald, der mein Manuskript als erster gelesen und tierisch kommentiert hat!

Übrigens:

Die Geschichten dieses Buches sind frei erfunden. Ähnlichkeiten mit lebenden oder toten Personen oder Tieren sind rein zufällig und nicht beabsichtigt.

Maria Andrea im Books on Demand Verlag

Denn auch im Himmel will ich reiten

232 Seiten, Euro 14,90 €

Als Andrea am frühen Morgen des 18. September ihre Pferde füttern geht, weiß sie noch nicht, welch schwere Entscheidung ihr heute bevorsteht. Ihre Stute Frilly, die ihr Mann ihr zu ihrer Hochzeit geschenkt hat, ist seit Jahren aufgrund einer schweren Operation unreitbar. Auch Frillys Tochter Cheyenne, die in Andreas Armen auf die Welt gekommen ist, ist seit wenigen Monaten sehr krank.

Den unausweichlichen Tod vor Augen erinnert sich Andrea an all die vielen gemeinsamen wunderschönen und schicksalhaften Erlebnisse, die sie mit ihren Pferden verbindet, um auch mutig den letzten Schritt gehen zu können.

Maria Andrea im Books on Demand Verlag

Denn mein Leben hat vier Hufe

232 Seiten, Euro 14,90 €

Heilig Abend. Besinnlich und familiär? Von wegen! Ausgerechnet an diesem für Andrea so wichtigen Tag im Jahr schlägt das Schicksal erneut erbarmungslos zu: Ihre junge Stute Lady erkrankt schwer. Andrea wird ungewollt auf eine Reise zu alten und längst vergessen geglaubten Wunden in ihrem Herzen geschickt und muss erkennen, wie stark das Schicksal ihrer Vierbeiner mit ihrem eigenen verbunden ist.

Aber nicht nur die Vierbeiner sorgen für Aufregung. Auch Andreas geliebte Oma wird überraschend zum Sorgenkind. Wird Andrea die neuen Herausforderungen ihres Lebens meistern?